"Quando temos a evolução em nossa carreira fica difícil voltar atrás".

Autor

Sumário

Desembarque...

Pode-se trabalhar a vida inteira na mesma profissão de formação até a aposentadoria. Entretanto, para muitos, a progressão na carreira está intimamente relacionada a ocupar um cargo de gestão. Depois que a pessoa decide a sua profissão e consegue o primeiro emprego, acaba por se acostumar a realizar tarefas que foram ensinadas de forma específica da profissão (biomedicina, enfermagem, farmácia, fisioterapia, medicina, técnicos etc.) seja pela formação acadêmica ou por treinamentos oferecidos pela organização. A carreira de gestor fica como uma carreira à parte, sendo para muitos uma "promoção".

Depois de desenvolvida uma rotina de trabalho, fica difícil observar como funcionam os outros processos do setor, que não dizem respeito ao que se faz diretamente. Até, algumas vezes, é possível parar e pensar: "Como é feita administração do setor que trabalhamos?" E se pode perguntar: "De onde veio todo aquele suporte, que nos dá condição de realizar o trabalho?"

Ao fazer uma pequena análise das carências do setor, muitas vezes se tem a sensação de que se poderia gerenciar melhor o setor. Ou, então, tem-se uma sensação oposta de que jamais gostaria de virar gestor. De vez em quando, ao reclamar de algum processo que não gera resultado, ou que está desconforme. E, de certa forma, não se entende como algo, "tão claro", passou despercebido por tantos.

E, se surgir a vaga de gestor? Aceita-se o desafio, ou se declina?

Será a hora de decidir. Talvez, demore a aparecer outra oportunidade.

O objetivo deste livro é ser prático. Aqui serão fornecidas táticas que possam ser colocadas no seu dia a dia de trabalho, de forma imediata, e que também ajudem na rotina de vida diária. A ideia é ajudar a aumentar os resultados de forma imediata, e que realmente façam a diferença.

Boa leitura!

Primeiro dia, primeiros passos

"Os primeiros passos são os mais difíceis, todavia os mais importantes, pois a existência dos demais passos que virão dependem exclusivamente dos primeiros".

Leonardo de Cristo

Sim, você chegou lá. Agora, é o(a) GESTOR(A). Um misto de felicidade pela conquista, e uma ligeira aflição pelo que virá. A partir daqui, mesmo que ainda atue um pouco na assistência, sua principal função será de COORDENAR a equipe/setor. Por mais que você tenha algum treinamento ou conheça o setor há algum tempo, agora os termos são outros. Tudo deverá ser interpretado de uma nova forma, com novas responsabilidades inerentes à nova posição.

Vá tomando ciência das tarefas que terá que realizar no dia a dia de forma gradual. Quando verificar que há várias tarefas a serem terminadas de uma vez, comece dividindo-as em partes, até tomar conhecimento do todo, mesmo que isso dure alguns dias. Não atropele as situações por nada.

No início, a vontade de "mostrar serviço" será grande. Entretanto, tome cuidado para não acumular tarefas demais. Só proponha novos protocolos após estar bem ciente dos já existentes. Atropelamento de serviço, em médio prazo, leva a Síndrome de *Burnout*[1].

Para o planejamento inicial dos primeiros passos, aqui estão algumas dicas:

---

[1] *Síndrome de Burnout ou Síndrome do Esgotamento Profissional é um distúrbio emocional com sintomas de exaustão extrema, estresse e esgotamento físico resultante de situações de trabalho desgastante, que demandam muita competitividade ou responsabilidade*

Foco

- Quando iniciar uma atividade, não se perca em outras. Tente terminar a atividade inicial por completo antes de alguma interrupção, ou divida a tarefa de modo que a termine no espaço de tempo determinado anteriormente, sem interrupções.

- Limite as interrupções. Não se atrapalhe, termine o serviço proposto anteriormente.

- Gerencie os e-mails. Tenha um horário programado para ler os e-mails.

- Gerencie suas ligações. Se não tiver um(a) secretário (a), tente delegar as ligações a uma pessoa proativa, que consiga lhe transmitir a situação, ou resolvê-la.

- Tente não utilizar redes sociais. As redes sociais são um ótimo meio de comunicação e viraram uma febre, mas a dispersão é muito grande. Se não tiver como desligá-las, utilize o menor tempo possível. Se a conexão com uma rede for necessária para a comunicação institucional, também delegue. Se for um grupo social relacionado à equipe de trabalho, que esse seja ESTRITAMENTE SOBRE ASSUNTOS PROFISSIONAIS.

Anotar

- Preste atenção em tudo que conseguir. Anote tudo que for informação válida para sua compreensão, tudo que acredita ser relevante.

- Faça um levantamento durante a semana das funções que você exerce, e as quantifique em termos de tempo. Coloque-as, sequencialmente, ou em uma planilha. Você descobrirá fatos que estavam fora da percepção.

- A intenção é que você consiga fazer um levantamento da rotina de trabalho. Perceber o que pode ser mudado. Paulatinamente, há a possibilidade de reconfigurar as atividades de modo que o trabalho não atropele a vida pessoal. Observar:

  o Quais tarefas podem ser eliminadas?
  o Quais tarefas poderiam ser realizadas em menor tempo?
  o Quais tarefas podem ser delegadas?
  o Quais tarefas podem ser realizadas ao mesmo tempo, sem aumentar o tempo total de ambas?

- Analise após uma ou duas semanas as anotações que você fez e colocou na planilha. Elimine o que verificar ser totalmente desnecessário. Você começará a identificar padrões de situações que não são tão relevantes assim.

A partir do momento que estiver acostumado a anotar, perceberá quais são as atividades reais, as interrupções e os eventos que não são planejados, mas ocorrem. Ao final de cada semana, pergunte-se o que poderia ter sido feito de melhor, ou de maneira diferente, mais prática, para ter mais qualidade.

Assim, você entrará em uma espiral crescente de produtividade. Mesmo que consuma algum tempo a mais, o trabalho será de MELHOR QUALIDADE, e terá ÂNIMO para continuar.

* FAÇA O PLANEJAMENTO DO *DIA SEGUINTE* ANTES DE IR PARA CASA

- Aborde os pontos que são cruciais na tomada de decisão.
- Tente construir mais projetos táticos inicialmente (mais práticos). Projetos estratégicos (situacionais) deixe para quando você estiver mais familiarizado com a organização.
- Gerencie os riscos e aprenda com as derrotas (capítulo 12).
- Comemore as pequenas vitórias.

Pronto! Esses foram primeiros passos que podem colocá-lo em rota para a construção um futuro promissor dentro da organização de saúde. O BÁSICO! Ao aplicar os passos no dia a dia, aos poucos, o hábito de trabalhar de forma organizada permitirá um aumento substancial de produtividade. Imprevistos acontecem, mas sempre tente aprender com esses. Com o aumento das competências na função os resultados positivos aparecerão, e você será bem visto pela Diretoria na hora da progressão de carreira.

Os próximos capítulos darão mais umas dicas e serão vistos outros assuntos importantes para esta etapa da sua jornada.

Mentalidade empreendedora e dicas de empreendedorismo

"Não é sobre ideias. É sobre como fazer ideias acontecerem".

Scott Belsky, Co-fundador da Behance

Há farto material a respeito de empreendedorismo, nas últimas décadas, dedicado aos negócios, em diferentes setores. Entretanto, o empreendedorismo não está relacionado apenas ao empreendedor que tem um estabelecimento. Há pessoas que conseguem demonstrar um pensamento empreendedor em casa, na escola ou na vida pessoal.

O propósito deste capítulo é discutir as características do empreendedorismo que podem ajudar o(a) GESTOR(A), a ter uma MENTALIDADE EMPREENDEDORA. A mentalidade empreendedora pode ser entendida como a disposição ou capacidade de idealizar, coordenar e realizar projetos, implementar mudanças, inovações e melhorias. Trata de criatividade, de solução de problemas e de visão estratégica.

Quais são as características que podem ser aprimoradas:

- Planejamento estratégico: o planejamento, visão e solução de problemas.

- Visão sistêmica: o gestor precisa ter algum conhecimento sobre os processos da organização de modo que modele também os seus próprios processos, para que integrem os processos organizacionais.

- Saber executar: um líder que arregaça as mangas e põe a mão na massa, quando preciso, é muito mais respeitado do que aquele que só dá ordens, cujo estilo se mostra autocrático.

- **Saber liderar**: inspirar e engajar as pessoas ao redor será comentado em um próximo tópico.

- **Criatividade**: desenvolver a criatividade é essencial. Boa imaginação, capacidade de solucionar problemas de maneira inovadora e de pensar fora da caixa.

- **Ter iniciativa**: a pessoa empreendedora não espera que alguém lhe diga que um problema deve ser solucionado. Ela está sempre procurando melhorias e novas formas de fazer as coisas.

- **Autoconfiança**: sem confiança em suas capacidades, o empreendedorismo não pode perseverar. Afinal, é necessário confiar em seu julgamento para demonstrar iniciativa ou propor soluções.

- **Resiliência**: resistir, se adaptar e tentar novamente.

- **Adaptação**: conquistar grandes objetivos inclui encontrar obstáculos e imprevistos no caminho. Por isso, é preciso possuir a capacidade de se adaptar, de ajustar os planos e continuar insistindo.

- **Ser um "realista esperançoso"**: conforme colocava o escritor Ariano Suassuna, não ser nem pessimista, nem otimista em demasia. Ser um realista com visão de futuro.

Ter em mente algumas dessas características ajuda, paulatinamente, a ficar mais confiante e a não perder o rumo, mesmo em adversidades.

Preze pela qualidade e pelo bom andamento do serviço. Tenha flexibilidade para contornar situações adversas. A gestão dos processos ocorrerá de uma forma natural, em um movimento orgânico, verdadeiro e não forçado. Quando um trabalho for bem feito, especialmente quanto à qualidade e flexibilidade, haverá um ganho de competência (próximo capítulo). Aos poucos, os resultados irão começar a aparecer e o reconhecimento das suas ações se disseminará, como um valor próprio.

Os pilares da competência

"Estou convencido de que nada do que fazemos é mais importante do que contratar e desenvolver pessoas. No final do dia, você aposta em pessoas não em estratégias".

Lawrence Bossidy

A competência não é uma potencialidade inata e estática ao indivíduo, pois se molda com o tempo conforme a pessoa se torna mais hábil na função. Os pilares da competência estão descritos a seguir:

o HABILIDADE: é a aptidão que você tem para desempenhar determinada função dentro de uma empresa. As habilidades podem ser desenvolvidas e aprimoradas de diversas formas. A educação permanente com metodologia ativa de aprendizado pode ser uma forma de melhoria de habilidades.

o CONHECIMENTO: são as informações registradas e assimiladas pela sua mente. Ninguém sabe de tudo. Logo, você sempre deve estar aberto para aprender coisas novas. O conhecimento pode vir através de leituras, de experiências.

o ATITUDE: é o que você deseja fazer com os dois pilares anteriores. A sua maneira de reagir perante as situações de rotina do seu ambiente de trabalho é a representação da sua atitude.

o VALORES: são aspectos da integridade do indivíduo, tais como: honestidade, seriedade, responsabilidade, ou seja, "valores de berço".

o ÉTICA: trata-se do conjunto de valores e de princípios, mas que são utilizados para decidir as três grandes questões da vida: "Eu quero, eu devo ou eu posso?". Estabelece regras de convivência. Dentro deste termo se pode ir além, e citar o termo "moral", pois ética envolve as regras impostas e a moral será como agir com a colocação da regra.

A competência é, então, o conjunto das habilidades norteadas pelos outros quatro pilares. Assim, tenha sempre em mente que o desenvolvimento da habilidade é o ponto chave para melhora da competência e se deve moldar os demais conforme a necessidade do serviço.

Domínio da Liderança

Segundo Winston e Patterson, a LIDERANÇA é a arte de comandar pessoas, atrair seguidores e influenciar, de forma positiva, mentalidades e comportamentos. Quando um líder é eleito por uma organização e passa a assumir um cargo de autoridade exerce uma liderança formal. Assim, em função do cargo que ocupa, além de evidenciar quais são as prioridades, você terá que principalmente INFLUENCIAR pessoas.

Algumas dicas para começar a influenciar pessoas:

1. Seja autêntico. Procure ser assertivo. Na grande maioria das vezes, as pessoas vão te procurar em busca de um GUIA. Elas têm que confiar em você, senão nunca poderá contar com elas.

2. Escute mais do que fale. Escutando mais você saberá as aflições das outras pessoas e poderá agir para amenizá-las.

3. A partir do momento que parar para escutar alguém, mostre interesse pelo que a pessoa está falando ou, então, nem comece a escutar e não perca esse tempo. Marque a conversa para um momento que não atrapalhe.

4. Seja propositivo. As pessoas fazem mais por aqueles a quem veem que acreditará no que está falando. Não proponha uma meta que não possa cumprir.

Tenha em mente que agora você é um "observador/supervisor". Apesar de muitas vezes ter conhecimento de como se executa a função, agora a função é de ser um orientador. Pode-se exemplificar essa situação com a comparação como a de um técnico de uma modalidade esportiva, que seja admirada. Por exemplo, um técnico de futebol ou vôlei. O técnico não entra em campo para jogar. Ele prepara o treinamento com os atletas, orienta taticamente como devem atuar em campo, mas ele não joga.

Pode ser uma tática interessante para a orientação de qual atividade escolher, uma espécie de "Capitão", sendo alguém que esteja realizando a tarefa e coordene as ações "dentro de campo". Isto deixará o gestor mais ligado com a equipe, e verá o trabalho do dia a dia render melhor.

* Crie lideranças e deixe sucessores. Um dia, quando você ascender na empresa, você terá uma equipe de confiança com quem poderá contar. Autocrítica: ter em mente quando seus propósitos estão passando do limite.

É muito importante que, como gestor da unidade, tenha a prática de criar e manter diferentes documentos padronizados de recursos humanos, que você possa usar quando precisar. Com isso, quando houver situações difíceis, as documentações claras permitirão mostrar o caminho para resolver a situação de uma forma mais rápida.

Noções sobre gestão por processos

Gestão de processos é o gerenciamento do negócio a partir do controle dos processos.

A intenção não é abordar toda gama de conhecimento sobre gestão por processos em um capítulo, já que é um assunto muito amplo, descrito em livros e estudado em cursos de pós-graduação.

Uma organização que se norteie pela gestão de processos já está na vanguarda de muitas outras na mesma cadeia de valor. Contudo, mesmo que gestão por processos seja um assunto desconhecido na organização, você pode se beneficiar com alguns aspectos do controle dos processos, que serão abordados neste capítulo. No entanto, serão expostos alguns conceitos antes de falar os pontos de interesse para o(a) gestor(a).

O que é uma descrição de um processo?

Descrever o processo é detalhar o conjunto de atividades sequenciadas e executadas com o objetivo de alcançar um resultado, que gere valor, seja para um cliente ou para outro processo.

Práticas de gestão de processos

1. Arquitetura de processos

Os processos dentro de uma organização de saúde não são elementos soltos, esses interagem entre si de forma a melhorar a integração dos diferentes setores, consequentemente, o atendimento de pacientes e resultados para as partes interessadas.

Na arquitetura de processos se encontra a matriz de responsabilidades, que demonstram qual o papel de cada pessoa ou departamento em cada processo. Além disso, essa arquitetura alinha os processos à estratégia do negócio. Portanto, trata-se de uma prática fundamental para a gestão de processos.

2. Mapeamento de processos

O mapeamento de processos é a identificação da sequência lógica das atividades que compõem um processo e de outros elementos que interagem com o fluxo de trabalho.

É PRECISO VERIFICAR:

1. Qual o objetivo do processo?
2. Quais as fronteiras do processo?
3. Quais as entradas e as saídas do processo?
4. Quem participa do processo?
5. Quem é responsável pelos resultados do processo?
6. Quais os recursos materiais e financeiros envolvidos no processo?
7. Quais os resultados esperados do processo?
8. Quais os riscos associados ao processo?

Escolha os processos que são mais importantes para você e os descreva e delimite. Assim, terá como torná-los mais práticos para os colaboradores. É a chave para você ter um maior controle do que está acontecendo no setor.

3. Padronização de processos

É o ato de organizar e formalizar os processos, desenvolvendo um padrão a ser seguido por todos os colaboradores.

A padronização de processos garante que o trabalho seja executado da melhor forma, proporcionando a repetição de resultados. Assim, é possível reproduzir serviços com maior qualidade.

- Para padronizar processos, é necessário:

o evitar a variação nos processos;
o atender a regulações;
o compreender os processos;
o atribuir papéis dentro do processo;
o melhorar os resultados.

4. Monitore os resultados e controle os processos

Consiste em acompanhar o desempenho de um processo para verificar se ele realmente está atingindo às expectativas. Caso não esteja, será preciso fazer alguns ajustes que, quanto mais cedo forem diagnosticados. Para isso, você terá que fazer uso de indicadores que mostraram os resultados do processo. Na dúvida, busque na literatura, ou na internet, quais são os indicadores mais utilizados no setor que você trabalha.

5. Transformação de processos

Transformação de processos é a realização de mudanças nos processos para encontrar a melhor maneira de realizar um trabalho.

Em termos de transformação se pode falar de melhoria, de redesenho e de reengenharia.
Na melhoria de processos são realizados pequenos ajustes graduais nos processos, com o objetivo de aprimorar a forma como um trabalho é realizado.

No redesenho de processos se faz a reestruturação da visão atual de um processo a partir de um olhar ponta a ponta, ou seja, considerando as interações entre os departamentos. O redesenho de processos é diferente da melhoria de processos, uma vez que não propõe ajustes incrementais, mas sim uma abordagem sistêmica do processo. Essa abordagem sistêmica (ponta a ponta) vai à contramão da abordagem funcional (por departamentos), pois organiza os processos em torno de resultados e não em torno de tarefas. Não é que os processos das áreas deixarão de ser gerenciados, mas esses passarão a fazer parte de um conjunto maior de processos, com uma visão mais ampla. Quando se leva em consideração apenas os processos departamentais, acaba por se perder o foco no resultado.

Por último, na reengenharia de processos ocorre a transformação radical de processos, em que o processo é mapeado a partir do zero. Essa prática promove mudanças abruptas no processo. Quando se busca a INOVAÇÃO se tem que mudar os processos por completo.

Descrição de cargos na saúde

"Para construir uma experiência gratificante ao colaborador, você precisa entender o que mais importa para eles."

Julie Bevacqua

Significado para o Departamento de Recursos Humanos

A descrição de cargos é um processo que detalha todas as posições dentro de uma organização. É a formalização, em documento escrito, das atribuições, responsabilidades e especificações dos requisitos de um cargo na organização. A descrição deve ser a mais clara e concisa possível, pois é base para uma série de processos no RH. A descrição de cargos deve ser dinâmica, com possibilidade de revisão de tempo em tempo, para que contemple a mudança das necessidades de uma organização.

Para que fazer uma descrição de cargos? Realizar a descrição de cargos compreende uma estratégia para destacar tanto o perfil desejado para determinada função quanto as suas atribuições em si. Dessa forma, tudo fica mais organizado e transparente para os envolvidos. Também o próprio funcionário ganha em segurança quanto ao que precisa ser feito.

Apontar os treinamentos obrigatórios para a área de treinamento e desenvolvimento trabalhar com as capacitações se apresenta como atividades desempenhadas que incorporarão o Perfil Profissiográfico Previdenciário (PPP) e fornece informações para a área de medicina do trabalho e a justiça do trabalho, e serve como prova em reclamações trabalhistas.

O que deve conter:

- **identificação**: registra o nome do cargo. A ideia é ser o mais objetivo possível aqui, colocando o nome por completo e escrito de forma correta.

- **missão do cargo, atividades do cargo, experiência, formação acadêmica, competências e treinamentos obrigatórios.**

- **sumário do cargo**: todas as funções relevantes e que são relativas à missão do cargo.

- **relações**: é um organograma mais completo, no qual são estabelecidas todas as relações de trabalho – internas e externas.

- **qualificações**: agrupa os elementos, como: experiência, formação acadêmica, competências e treinamentos obrigatórios.

- **responsabilidades**: funciona como uma descrição mais detalhada das atividades a serem desempenhadas.

Significado para o Gestor

* PROPONHA UMA DESCRIÇÃO DE CARGOS

A verdade é que se trata de uma ferramenta fundamental para a gestão de pessoas como um todo. Não há como um negócio sair do lugar sem ter bem claro o que compete a cada colaborador para atingir seus objetivos. Faça uma descrição de cargos para sua conveniência. Monte uma descrição de cargos de maneira separada para você conhecer bens seus comandados. "Tenha e equipe nas mãos". Assim:

- **você conseguirá direcionar tarefas que exatamente são atividades esperadas do cargo, e;**

• o colaborador conseguirá desempenhar bem suas funções.

Monte uma tabela com identificação dos cargos, e a função que devem desempenhar no posto que ocupam. O cargo é nome dado à posição ocupada por determinado colaborador na empresa (por exemplo: gerente de atenção à saúde). Já a função é o conjunto de atribuições que a pessoa, em um cargo específico, possui (por exemplo: administrar, fazer escalas, distribuir tarefas e avaliar resultados).

Tenha clareza de que um colaborador, com algum tempo de serviço, é quem provavelmente mais entende daquele serviço. Sempre o ideal, em qualquer descrição de cargo, é perguntar diretamente ao colaborador, isso é, fazer uma entrevista com o colaborador.

Depois de uma análise preliminar do cargo a ser descrito, alguns colaboradores podem ser solicitados a conversar a respeito do cargo. Pontos positivos, pontos negativos, o que pode ser melhorado, o que pode ser deixado de lado. Quanto tempo de experiência atuando na área o colaborador tem? Quais funções ele acumula? Durante o seu contrato com a organização, ele mudou alguma vez de posto? São exemplos de perguntas que podem colaborar para um entendimento maior da situação e garantir que nenhuma informação se perca pelo caminho.

Então, com a descrição de cargos se têm as seguintes vantagens:
o   Uma gestão mais clara, organizada e transparente;
o   Direcionar treinamentos com mais assertividade;
o   Gerenciar planos de desenvolvimento individual;
o   Realizar processos seletivos e recrutamentos baseados em competências;
o   Promover um plano de carreira;
o   Aumentar a produtividade;
o   Valorizar o trabalho em equipe;
o   Administrar promoções e salários de maneira técnica e eficaz;
o   Resolver problemas de turnover;
o   Criar políticas de atração para novos colaboradores;

o   Transmitir a cultura e a identidade da empresa;

o   Coordenar mudanças organizacionais frequentes, sempre atualizando as diretrizes conforme a dinâmica do mercado.

Como montar as escalas de trabalho

Para montar escalas de trabalho, obrigatoriamente, se deve seguir a legislação que se tem e conhecer algumas normas da Consolidação das Leis do Trabalho (CLT). Segundo as normas da CLT, algumas regras básicas devem ser seguidas, como:

• o tempo máximo de uma jornada diária de trabalho é de 12 horas. Contudo, é necessário um período de folga de 36 horas ininterruptas após o tempo dedicado ao trabalho.

• quando a jornada for entre 4 horas e 6 horas, é obrigatório que, no mínimo, 15 minutos de intervalo sejam concedidos.

• quando a jornada for maior do que 6 horas, para o limite em 8 horas, é necessário que haja um período de intervalo de 1 hora ou mais.

• todo período (semanal, quinzenal, mensal...)

Além disso, fora a escala diária de horários para entradas e saídas, é preciso organizar adequadamente a escala de trabalho semanal ou mensal. Nesse âmbito, algumas regras fundamentais – também baseadas em lei – devem ser seguidas:

- a cada 6 dias de trabalho é obrigatório que haja 1 dia de folga. É possível fazer variações, em que se trabalham 5 ou 4 dias e se folgam 1 ou 2 dias. Contudo, em alguns casos, é necessário que haja acordo coletivo e também sindical;

- é obrigatório que a cada, no máximo 7 semanas, haja um domingo como dia de folga. Sendo que isso, para mulheres, salvo regulamentação específica, é de 15 dias, ou seja, a cada 15 dias uma folga deve ser no domingo;

- legalmente, o limite máximo de 44h semanais deve ser respeitado. Contudo, variações com menos tempo – 40h, 32h, etc. – são possíveis.

Essas normas devem ser discutidas sempre com o setor de recursos humanos para ver a disponibilidade, e saber o número de colaboradores que serão posicionados na escala.

Uma ferramenta que auxiliará muito na confecção de escalas será a utilização de planilhas. Conforme for o grau de conhecimento, a confecção de planilha pode tomar algum tempo no início, mas depois de prontas só precisará ir ajustando, conforme o mês.

Talvez, marcar uma conversa com o gestor da tecnologia da informação da sua instituição seja interessante, para mostrar as suas necessidades. É provável que ele(a) já tenha uma ferramenta que seja útil para você.

Outra alternativa é adquirir planilhas prontas na internet, ou no próprio Excel, que estão disponíveis e que podem ser adquiridas por um baixo valor. Avalie o custo-benefício.

Reuniões

*"Conhecimento é estar consciente do que você pode fazer.
Sabedoria é saber quando não fazer".*

Anônimo

Tome cuidado com a quantidade de reuniões que você irá participar quando virar gestor. Parece óbvio que, quando um projeto envolve uma série de pessoas, ou setores, nada mais certo que fazer uma reunião para pactuar as ações. Contudo, a realização de reuniões só se justifica quando há necessidade de: conhecimentos específicos de especialistas, ou para garantir o comprometimento da equipe responsável pela implementação de um plano ou uma atividade. Não perca tempo com reuniões desnecessárias, pelo simples senso comum que reuniões sempre são "importantes".

Quando bem organizadas, as reuniões têm a função de buscar a solução de conflitos de forma rápida ou pelo menos novas possibilidades e alternativas para problemas habituais, pois essas são feitas em torno de assuntos comuns a todas as pessoas presentes. No entanto, os encontros devem seguir alguns critérios e levar em conta:

- o   prazo e horário;
- o   a divulgação de uma pauta prévia;
- o   a existência de uma rotina semanal;
- o   uma boa liderança.

Como vantagens é possível dizer que as reuniões reduzem os retrabalhos, pois alinham o planejamento e a comunicação entre os colaboradores e consolidam o espírito de equipe, sendo esse um dos grandes desafios para os gestores das organizações modernas. Quando são visualizadas as pessoas, as expressões, o gestor e as mensagens corporais, a informação chega com maior transparência ao receptor, o que agrega valor para as relações.

1. A contribuição das pessoas pode promover a melhoria da qualidade das decisões.

2. As pessoas adquirem uma visão abrangente da organização como um todo, ficando mais conscientes do modo como podem contribuir para o alcance dos objetivos organizacionais.

3. O trabalho conjunto durante as reuniões pode eliminar barreiras de comunicação entre os participantes e ajudar nos mecanismos de coordenação do trabalho.

4. As reuniões facilitam a tomada de decisões impopulares (que o líder dificilmente poderia tomar sozinho sem riscos de resistência passiva).

5. Quando participam nas decisões, as pessoas tendem a se empenhar na implementação dessas.

6. Se o grupo se reúne regularmente permite formar uma "mente social", cuja qualidade é superior à soma da qualidade das mentes de cada participante.

Por outro lado, os encontros são situações que não devem acontecer a todo instante e por qualquer motivo, pois isso gera perda de tempo e de produtividade. As reuniões têm sido motivo de muita controvérsia, por ser difícil medir o grau de efetividade dessas. De uma forma geral, reuniões mal programadas podem gerar: perda de tempo; confusão de informações; falhas em projetos; desgastes emocionais; redução de eficiência; prejuízos financeiros para a empresa.

1. O tempo despendido pode atrasar a tomada de decisões.

2. As reuniões podem ocupar demasiado tempo dos participantes, desviando-os de outras atividades pertinentes.

3. Interesses particulares no seio do grupo podem gerar decisões enviesadas e perniciosas para a organização.

4. Pressões de tempo, assuntos delicados, liderança que estipula rumos, coesão do grupo e busca acentuada do consenso podem dar origem ao "pensamento grupal".

5. As reuniões podem gerar conflitos entre facções, polarizando as opiniões e dificultando o entendimento.

6. As responsabilidades pelas consequências das decisões tomadas são diluídas entre os participantes. Dessa forma, estes podem se sentir impelidos a tomar decisões arriscadas.

7. Se os participantes adquirem a percepção de que o líder apenas convoca a reunião para manipulá-los, é plausível que a participação empenhada e espontânea em reuniões posteriores fique comprometida.

Analise bem se você deve marcar uma reunião, e quais reuniões você deverá participar de fato. Reuniões bem planejadas e com uma boa pauta de objetivos claros podem ser de grande valia como instrumento propagador de novos projetos. Para se concluir com proveito, uma reunião deve terminar com um relatório, ata ou, no mínimo, uma lista de tarefas, que precisa ser enviada a todos os participantes, com prazos e metas a serem cumpridos. Ao líder cabe a responsabilidade de cobrar pela efetividade desses pontos. Nesse momento entram os e-mails de confirmação do que foi resolvido, de forma que todos saibam o que devem fazer.

Entendendo o clima e a cultura organizacional

Desde o século XIX até os dias de hoje, a cultura é entendida e definida como um conjunto de fatores inerentes aos indivíduos da sociedade. Beckhard (1972, apud CHIAVENATO, 1998) expõe que: "cultura organizacional significa um modo de vida, um sistema de crenças, expectativas e valores, uma forma de interação de relacionamento típicos de uma determinada organização".

A essência da cultura de uma empresa é expressa pela maneira como essa trata os pacientes, clientes e colaboradores, o grau de autonomia ou liberdade que existe em suas unidades ou escritórios e o grau de lealdade expresso por seus funcionários com relação à empresa. A cultura organizacional representa as percepções dos dirigentes e funcionários da organização e reflete a mentalidade, que predomina na organização. Por esta razão, a cultura condiciona a administração das pessoas.

No fundo, é a cultura que define a missão e provoca o nascimento e o estabelecimento dos objetivos da organização. A cultura precisa ser alinhada juntamente com outros aspectos das decisões e ações da organização, como: planejamento, organização, direção e controle para que se possa melhor conhecer a organização. A partir da definição de cultura se pode definir a cultura organizacional, que segundo Kissil (1998), também pode ser chamada de cultura corporativa, e representa o conjunto de hábitos e de crenças estabelecidos através de normas, de valores, de atitudes e de expectativas compartilhadas por todos os membros da organização.

A cultura corporativa também se refere ao sistema de significados compartilhados por todos esses membros e, também, como o fator que distingue uma organização das demais. As características de cada indivíduo, quando se relaciona com outras pessoas dentro de qualquer grupo social, são a base para as características do grupo como um todo. Esta mesma cultura corporativa constitui o modo institucionalizado de pensar e de agir que existe em uma organização.

Em outras palavras, a cultura organizacional representa as normas informais e não escritas que orientam o comportamento dos membros de uma organização no dia a dia e que direcionam suas ações para o alcance dos objetivos organizacionais. Como gestor, o entendimento da cultura organizacional ajuda e ter um melhor relacionamento com colaboradores e dirigentes (SCHEIN, 1985).

Já o clima organizacional é a percepção coletiva que os empregados têm da empresa, através da experimentação prolongada de políticas, estrutura, sistemas, processos e valores. É caracterizado por atitudes dos funcionários, processos de sensibilização e gestão contínua de clima/cultura, que visa facilitar a produtividade, a qualidade total e a vitalidade empresarial.

O diagnóstico do clima organizacional pode ser alcançado através da pesquisa de clima. Com os resultados da pesquisa é possível medir alguns índices importantes para a gestão. Como exemplo de índices mensuráveis podem ser evidenciados dois: a SATISFAÇÃO e a MOTIVAÇÃO.

A SATISFAÇÃO no trabalho é definida como um estado emocional agradável ou positivo, resultante da apreciação de um trabalho ou experiências de trabalho. É o resultado de interações complexas entre a experiência de trabalho e o ambiente organizacional. É resultado de uma construção multidimensional, que incorpora elementos cognitivos e afetivos. Por outro lado, a insatisfação no trabalho tem a ver com fatores intrínsecos relacionados ao trabalho, como: a natureza, a falta de habilidade, ou não ter o reconhecimento necessário quando a tarefa é realizada.

A MOTIVAÇÃO pode ser definida como o grau de vontade que a pessoa tem para exercer e manter o foco no esforço necessário para atingir objetivos pessoais e organizacionais. Pessoas desmotivadas não creem na organização.

É importante saber como anda o clima na organização para evitar descontentamentos no ambiente de trabalho.

Desconfiança que outros terão em você no cargo

Uma das maiores armadilhas que pode atrapalhar a evolução no cargo recém-adquirido de gestor, e futuramente na organização, é a desconfiança dos outros nesse seu novo cargo, ou melhor, é a importância que o gestor dará para a opinião dos outros sobre o seu trabalho. Quanto maior for o apego a estas questões, pior a sensação que pode gerar amargura e atrapalhar o desempenho na função.

A pessoa acaba por ficar desmotivada quando percebe que as outras pessoas da equipe não dão o devido respaldo pelos processos que se estão iniciando em implementação. No entanto preste atenção, há pouca ou nenhuma ideia do receio, ou ciúmes, que as outras pessoas têm quando se está em um cargo de liderança. As pessoas sempre estarão testando o gestor. Ninguém terá confiança neste gestor assim tão rápido.

VÃO AQUI ALGUMAS DICAS PARA AJUDAR:

- Seja empático.

Empatia é a habilidade de se colocar no lugar da outra pessoa e ajuda a compreender as razões, por mais estranhas que estas pareçam e que levam alguém a tomar decisões, que outras pessoas jamais tomariam.

- Invista em uma boa comunicação.

O déficit na comunicação prejudica todo o processo de trabalho de uma empresa. Uma informação mal transmitida pode gerar atrasos, trazer dificuldades e gerar desentendimentos entre os colegas.

- Seja mestre em propor soluções.

Trabalhe para apresentar soluções, não problemas. Isso não significa que você deve ter sempre as respostas, mas que deve propor pelo menos duas soluções possíveis para a equipe em busca de superar o problema apresentado.

- Deixe uma marca.

Desenhe os projetos do seu modo, com a sua forma de pensar. Com o tempo, a equipe se acostuma e será possível ter um maior controle. Com o tempo, a sua marca irá sendo reconhecida.

- Seja confiante, mesmo quando cometer erros.

Acaba-se perdendo mais tempo tentando consertar um erro que foi escondido das outras pessoas do que um erro que tenha sido admitido. Então, se fizer algo errado, seja claro e sincero e use suas habilidades de propor soluções para explicar como pode ser resolvida a situação, uma vez que a confiança se constitui em uma arma poderosa para o gestor.

- Lide com os superiores.

Nunca é fácil lidar com superiores, principalmente, aqueles mais intransigentes. Procure entender como raciocina o superior direto e tente estar sempre um passo à frente, isso irá ajudar. O fato é que ter um limite de cobrança adequado faz as pessoas buscarem uma evolução constante. Um superior direto pode mostrar como Chefes sobem na escada corporativa e a descobrir o que faz de um indivíduo um bom gestor.

Plante e espere a colheita, independentemente das tempestades.

Gestão de conflitos

Shannon L. Alder

Conflitos acontecem quando há diferentes interpretações sobre um mesmo tema, e as divergências viram discordâncias. Em um ambiente de trabalho, é normal, até certo ponto, que ocorram conflitos. Em pequenas empresas, nas quais o convívio é mais intenso, esses conflitos são ainda mais comuns. Quem impõe pontos de vista de maneira intransigente costuma gerar discussões com outros colaboradores, clientes e fornecedores. Não é salutar para a organização a existência de conflitos que atrapalhem a produtividade do setor.

Lidar com as divergências é uma tarefa complexa, uma vez que envolve aspectos pessoais, do contexto organizacional e de diversas outras variáveis. No entanto, é fundamental que os gestores procurem, o mais rápido possível, a resolução do conflito, pois atritos mal resolvidos podem trazer inúmeros problemas para a organização, tais como: queda na qualidade do trabalho, ineficiência no atendimento ao cliente, clima organizacional negativo, rivalidades e disputas, sendo esses apenas alguns exemplos.

Uma rápida mudança na moral dos funcionários pode aumentar a eficiência e a produtividade, mas isso nem sempre é possível. Lembre-se de que ao lidar com um membro descontente da equipe, isso pode levar mais de uma reunião para resolver o problema.

1. Investigue as causas mais a fundo.

É muito comum que um conflito pequeno tenha por trás alguma causa pouco evidente, ligada a outro fator. Por isso, é muito importante ouvir todas as partes envolvidas, buscando extrair as reais razões do problema. Faça uma escuta atenta, sem interrupções, advertências ou críticas. Deixe para intervir quando já tiver uma noção global da questão. Esteja atento às contradições, semelhanças e diferenças de ponto de vista e, com isso, são construídas mais ferramentas para compreender as causas da divergência.

2. Seja um facilitador da experiência.

Quem deve encontrar alternativas para resolução dos conflitos são os próprios envolvidos e a posição do gestor deve ser a de um facilitador, e não de solucionador de problemas.

2.1. Estimule o diálogo.

Procure fazer com que as partes apresentem seus argumentos de maneira serena e de preferência embasados em dados mensuráveis, de forma que as informações dos dois lados possam ser aproveitadas em uma proposta intermediária.

Quando são oferecidas as condições para que um diálogo efetivo ocorra, esse permite que os colaboradores possam acessar seus recursos internos para buscar saídas. Essa experiência permite que os profissionais possam crescer e ter autonomia.

2.2. Incentive feedbacks diretos.

O grande diferencial do feedback é que esse tem o propósito de ajudar o outro a se desenvolver. O feedback é um retorno sobre alguma postura ou sobre o desempenho de tarefas, podendo ser tanto positivo quanto negativo. No entanto, é importante ressaltar que o feedback deve ser feito sempre com uma proposta construtiva, tendo o objetivo de impulsionar o outro para o crescimento.

Os feedbacks diretos podem ajudar tanto a resolver quanto a evitar conflitos na equipe. A comunicação clara minimiza as lacunas na comunicação, pois o colaborador poderá ter contato com as ideias do colega com muito mais facilidade.

3. Não se omita.

Muitas vezes, o líder se retira antes de resolver o conflito. Se depois de tudo isso o impasse persistir, o gestor deve decidir. Às vezes, é preciso tomar partido de uma das posições e encerrar o problema. Deixe claro quais os critérios levados em consideração para decidir.

4. Tente mostrar uma postura racional.

O gestor não se deve contaminar emocionalmente, quando houver discussões mais ríspidas. Mantenha a negociação no plano racional. As pessoas tendem a respeitar quem mantém o autocontrole.

5. Procure resolver todas as questões.

O gestor, certamente, conhece os efeitos de uma bola de neve. No contexto corporativo, o conflito acumulado ao longo do tempo, lotado de divergências e de mal-entendidos, uma hora irá eclodir. É importante ser bem cuidadoso com esse tipo de problema.

Para isso, duas estratégias são importantes: a primeira é tentar solucionar os focos de atrito desde o começo. Observe o seu time sempre e, caso note que há algum desentendimento ou processo que você julgar estar indo mal, convoque a equipe para conversar. Assim, são evitadas que pequenas diferenças se tornem grandes dificuldades.

A segunda é entender que, diante de uma bola de neve, é importante destrinchar o conflito até esgotá-lo. Dialogue com os colegas e busque resolver todos os focos de dificuldade, sem deixar nada para trás.

6. Permita que os profissionais tenham uma pausa para se acalmar.

Às vezes, os colaboradores não estão conseguindo dialogar efetivamente sobre a questão, porque estão estressados e nervosos com o problema. Nesse momento, abrir a oportunidade para que os profissionais façam uma pausa e se acalmem pode ser uma boa ideia.

7. Permita a privacidade.

Privacidade é fundamental. Muitas vezes, é melhor o gestor se retirar da situação e permitir que o colaborador expresse o descontentamento ou a raiva em um espaço privado. Para a resolução do conflito, inicialmente, é melhor se encontrar com cada colaborador descontente, um a um. Assim, evita-se que os colaboradores reclamem entre si, e para todos. E, também, transmite uma sensação de respeito. No privado, os colaboradores podem estar dispostos a revelar as verdadeiras razões do descontentamento.

Dar um tempo para que os envolvidos possam se tranquilizar não significa que você esteja postergando a resolução do conflito, mas sim, que está buscando melhores condições para trabalhar a dificuldade.

8. Saiba lidar com as rivalidades na empresa.

A rivalidade em uma corporação prejudica o clima organizacional e dificulta a realização das tarefas. Às vezes, as fontes de conflitos são problemas pequenos, mal-entendidos ínfimos e dificuldades de comunicação.

Por isso, é importante aprender a enfrentar os atritos estabelecendo um bom diálogo entre a equipe, para conseguir avaliar os fatores que geram hostilidade e competição. Invista em medidas para otimizar a comunicação. Estabeleça com a equipe uma relação de cooperação.

Seguindo esses oito passos, as pessoas perceberão que o gestor está no comando e, assim, esse poderá conseguir uma intermediação equilibrada, que é sempre o melhor caminho para resolução de conflitos.

Gestão de riscos

O risco é um efeito da incerteza, um desvio em relação ao curso e objetivos esperados pelos gestores. Pode ser um evento, uma circunstância ou uma condição futura.

A gestão de risco é uma estratégia que envolve um conjunto de atividades coordenadas que tem como objetivo avaliar, prevenir e propor medidas para contenção e remediação dos riscos. A origem do risco pode ser de ordem financeira (externa ou interna), operacional, relacionada a falhas humana ou administrativa.

A função da gestão de risco é reconhecer a origem do dano e agir para que o risco não se converta em consequências negativas para a organização. A princípio, a gestão de risco busca estimular um comportamento dinâmico de planejamento, para que a organização responda com rapidez aos eventos, incertezas e mudanças de cenário. Caso o dano já tenha ocorrido, o trabalho deve ser de amenizar consequências, administrar a possível crise e gerar ações para evitar que o mesmo se repita no futuro.

- Tipos de risco:

⇒ Problema na logística de distribuição
⇒ Acidente de trabalho
⇒ Perda de produtos por vencimento
⇒ Acidente ambiental
⇒ Elevação nos custos de produção
⇒ Dificuldade para obter crédito
⇒ Fraude financeira cometida por um parceiro
⇒ Falta de fornecedor

⇒ Perda de funcionário-chave na organização
⇒ Processos judiciais
⇒ Evento que virou notícia e fez cair a reputação

- Componentes do risco.

Um risco costuma ter três componentes: um evento, uma consequência e uma causa.

Seguem alguns exemplos que foram preparados para ser possível compreender melhor.

EXEMPLO 1:

Imagine que há uma falha no telhado que permite a entrada de água da chuva, molhando os quartos.

Evento: chuva.

Consequência: goteira pelos quartos quando chove.

Causa: falta de manutenção do telhado.

EXEMPLO 2:

Um colaborador da farmácia pediu o desligamento da empresa, e os pedidos de medicamentos deixaram de ser encaminhados para o setor de compras no prazo determinado.

Evento: desligamento de um colaborador.

Consequência: falta de medicamentos nas unidades.

Causa: falta de padronização dos processos de compra da farmácia.

EXEMPLO 3

Com a alta do dólar, aumentaram os preços de órteses, próteses e materiais especiais (OPME), com encarecimento dos procedimentos médicos.

Evento: aumento nos custos de OPME.

Consequência: aumento no custo total do procedimento.

Causa: alta do dólar.

Nos exemplos 1 e 2, há uma negligência dos gestores que não têm uma programação de verificação da estrutura física, e de documentação das atividades realizadas. No terceiro exemplo, o preço dos insumos adquiridos varia conforme o câmbio, uma volatilidade que não há como impedir. No entanto, pode-se, por exemplo, verificar se é possível a troca do material importado por um nacional, que não modifique de preço, por causa do câmbio.

Quando é possível identificar e antecipar os riscos é possível preveni-los, ou propor novas soluções.

- ETAPAS PARA LIDAR COM OS RISCOS:

o Identificação dos riscos

O primeiro passo é, a partir do conhecimento quanto aos objetivos da empresa, saber reconhecer quais são os riscos que devem ser considerados e gerenciados.

o Mensuração dos riscos

Nem todos os riscos têm a mesma importância. Nesta etapa, deve ser calculada a sua probabilidade e possível impacto na organização, em análises qualitativas e quantitativas.

Se a organização não possui um setor responsável pelos riscos, é importante o gestor sinalizar para as instâncias superiores a importância da gestão de riscos. Caso não seja uma opção, incluir no orçamento do setor uma análise estatística dos riscos, que pode ajudar a administração do setor.

A tarefa implica no cálculo de probabilidade de algo que não aconteceu, ou seja, de uma incerteza. Os riscos são classificados como alto, médio ou baixo, em termos descritivos ou valores numéricos. Na análise qualitativa, é avaliada a probabilidade e impacto do evento. Já as análises quantitativas podem resultar na estimativa do dano esperado, um conceito que avalia os possíveis cenários, caso os eventos ocorram. A partir daí, as ameaças com maior probabilidade de se tornarem realidade precisam ser arduamente monitoradas.

o   Monitoramento de riscos

Averiguar se há riscos residuais, novos riscos ou se as ações planejadas tiveram o resultado esperado para, se necessário, promover modificações na estratégia.

o   Resposta aos riscos

Defina quais são as ações que devem ser tomadas para evitar, reduzir ou dividir os riscos.

A International Organization for Standardization (ISO) é a principal instituição do mundo quando o assunto envolve normas e padrões. A norma mais conhecida é a ISO 9001, que serve para certificar empresas quanto à eficácia de seu sistema de gestão de qualidade.

Para gestão de risco, a norma que interessa é a ISO 31000.

A norma traz diretrizes para o desenvolvimento, implementação e manutenção de processos de gestão de riscos em organizações. Entre as orientações para lidar com o risco, segundo a ISO 31000, estão:

⇒ Não iniciar ou continuar com uma atividade que tenha o potencial de aumentar o risco
⇒ Aceitar ou aumentar o risco para perseguir uma oportunidade
⇒ Remover a fonte do risco
⇒ Mudar a probabilidade
⇒ Mudar as consequências
⇒ Compartilhar o risco com outras partes
⇒ Reter o risco por decisão informada

☐

Conclusão

A mensagem principal que deve ficar após a leitura deste e-book é CONTROLE SUA EQUIPE. Não há como negar que os resultados são importantes. A cobrança de metas, até certo ponto, é saudável, para que as pessoas saiam da zona de conforto e avancem. Contudo, a pressão exagerada por resultados gera um estresse prejudicial ao indivíduo. Um ambiente motivador, baseado em metas não exploratórias que instigue os colaboradores a buscarem sempre o seu melhor trará muito mais resultados. Torna as pessoas menos propensas a doença por ajudar a manter o equilíbrio do sistema biológico (FROST, 2003).

Neste manual foram abordados os tópicos mais importantes para quando se tem o início na carreira de GESTOR. Parece muita coisa a fazer, a princípio, entretanto, posteriormente ao serem seguidos estes passos, esses farão parte de rotina. A tarefa extenuante inicial terá grande valia no decorrer do tempo e será possível ver resultados.

Alguns fatos podem ocorrer a sua revelia, mas se certifique de que fez tudo a seu alcance para administrá-los. Por exemplo, é fácil entender a ansiedade de uma enfermeira que não estava mais na rotina assistencial, e precisou se afastar por uma gravidez e, depois, teve que retornar para a assistência de pacientes. São situações que podem ocorrer no setor, e o GESTOR terá que lidar da melhor forma com o fato.

Entretanto, para qualquer adversidade, após tomar as medidas cabíveis, a pressão no ambiente de trabalho diminuirá e contribuirá para a harmonização entre as pessoas. Também diminuirá as disputas e haverá uma busca saudável pelos resultados. Lembre-se sempre que as diferenças individuais dos colaboradores devem ser respeitadas, para isto não se tornar um problema com o passar do tempo. A produtividade retomada permite um ambiente de trabalho mais harmonioso.

Infelizmente, haverá casos em que os esforços para enfrentar e resolver questões de colaboradores descontentes não terminarão bem. Em vez de um final positivo, o gestor pode se encontrar em posição de emitir um plano de melhoria, ou preparar o terreno para uma eventual rescisão. Independente do caso, sempre guarde registros de qualquer advertência dada ou ação tomada. Esses registros podem ser vitais caso o funcionário entre na justiça contra a empresa. Apesar de ser função do gestor a de treinar e desenvolver os funcionários, que estão adaptados, é também sua responsabilidade reconhecer aqueles que não estão, e descobrir o melhor momento de se separar. Se não puder salvar um funcionário descontente, talvez, seja a hora de seguir em frente.

Mantenha registros, documente conversas, reuniões e resultados. Isto é para a segurança da organização e dos colaboradores, e pode salvar o gestor de um processo judicial.

ATÉ A PRÓXIMA PROMOÇÃO!!!

Referências:

ALMEIDA VN. GESTÃO DE PROCESSOS: O QUE É, QUAIS OS BENEFÍCIOS E COMO IMPLANTAR NA SUA ORGANIZAÇÃO. DISPONÍVEL EM: HTTPS://WWW.EUAX.COM.BR/2019/04/GESTAO-DE-PROCESSOS

ARAÚJO L, GAVA R. EMPRESAS PROATIVAS / SITE: PRO ATIVIDADE DE MERCADO. DISPONÍVEL EM: HTTP://PROATIVIDADEMERCADO.COM.BR/SITE/A-GESTAO-PROATIVA

BRINKMAN R, KIRSCHNER R. APRENDENDO A LIDAR COM PESSOAS DIFÍCEIS. ED. SEXTANTE, RIO DE JANEIRO, 2006. P.77

CHIAVENATO I. O NOVO PAPEL DOS RECURSOS HUMANOS NAS ORGANIZAÇÕES. 4ª ED. SÃO PAULO: EDITORA MANOLE, 2014. P. 512

FUNDAÇÃO INSTITUTO DE ADMINISTRAÇÃO (FIA). GESTÃO DE PROCESSOS: O QUE É, BENEFÍCIOS E CARACTERÍSTICAS. DISPONÍVEL EM: HTTPS://CAPUTCONSULTORIA.COM.BR/ARTIGOS173-OS-PILARES-DA-COMP

FUNDAÇÃO INSTITUTO DE ADMINISTRAÇÃO (FIA). O QUE É GESTÃO DE RISCO? DISPONÍVEL EM: HTTPS://FIA.COM.BR/BLOG/GESTAO-DE-RISCO

MAXIMIANO ACA. TEORIA GERAL DA ADMINISTRAÇÃO: DA REVOLUÇÃO URBANA À REVOLUÇÃO DIGITAL. SÃO PAULO: ATLAS, 2006.

MOURA W. OS PILARES DA COMPETÊNCIA. DISPONÍVEL EM: HTTPS://CAPUTCONSULTORIA.COM.BR/ARTIGOS173-OS-PILARES-DA-COMPETENCIA

SCHEIN ES. ORGANIZATIONAL CULTURE AND LEADERSHIP. 3ª ED. SÃO FRANCISCO: EDITOR JOHN WILEY & SONS, 2004. P. 458
SCHNEIDER B, EHRHART MG, MACEY WH. ORGANIZATIONAL CLIMATE AND CULTURE. ANNU REV PSYCHOL. 2013.64:361-388.
SOCIEDADE BRASILEIRA DE COACHING. DESCRIÇÃO DE CARGOS: O QUE É, COMO ELABORAR, EXEMPLOS E DICAS. DISPONÍVEL EM: HTTPS://WWW.SBCOACHING.COM.BR/BLOG/DESCRICAO-DE-CARGOS

STAMP G. THE INDIVIDUAL, THE ORGANISATION AND THE PATH TO MUTUAL APPRECIATION. BIOSS INTERNATIONAL LTD. DISPONÍVEL EM: HTTP://BIOSS.COM/GILLIAN-STAMP/THE-INDIVIDUAL-THE-ORGANISATION-AND-THE-PATH-TO-MUTUAL-APPRECIATION

STETTNER M. O manual do novo gerente. Ed. Sextante, Rio de Janeiro, 2006: 78p.

TRAMPOS.CO. As melhores práticas para lidar com funcionários descontentes. Disponível em: HTTP://TUTANO.TRAMPOS.CO/7504-COMO-LIDAR-COM-FUNCIONARIOS-DESCONTENTES

VASCONCELOS FILHO PO. Burnout syndrome among health workers at a Brazilian public hospital run by a social health organization. WJRR, 2017; 3(2): Disponível em: HTTPS://WWW.WJRR.ORG/DOWNLOAD_DATA/WJRR0302023.PDF

WINSTON BE, Patterson K. An Integrative definition of leadership. Inter J Leadership Stud, 2006; 1 (2) 2: 6-66.

Sobre o autor

Paulo de Oliveira Vasconcelos Filho, natural de Santos –
SP, médico com atuação em vários hospitais em São Paulo,
entre eles Hospital das Clínicas da FMUSP, Hospital Sírio
Libanês, Hospital Israelita Albert Einstein, Hospital Alemão
Oswaldo Cruz, Hospital São Luiz e outros. Pós-graduado em
Gestão de Hospitais em Sistemas de Saúde pela Fundação
Getúlio Vargas e UC Irvine, e em Recursos Humanos em
Saúde pela Faculdade de Saúde Publica da Universidade de
São Paulo.

Nos últimos anos tem se dedicado a pesquisa e publicação
de artigos científicos sobre gestão de pessoas em serviços de
saúde.

Site gestorproativo...

O site do Gestor Pró-Ativo traz informações relevantes sobre como a gestão das organizações de saúde pode ocorrer de uma forma mais eficiente.

...ser gestor em um serviço de saúde não é uma tarefa fácil.

Além de uma série de demandas que nos é exigida, qualquer movimento falho na implantação de um programa, tem impacto na vida dos colaboradores e na performance financeira da sua organização.

Disponibilizamos neste site informações para quem busca encontrar a melhor maneira de realizar os vários processos dos diferentes setores de um serviço de saúde, de forma ordenada, para que colaboradores, clientes e fornecedores saiam ganhando...

Visite-nos em **www.gestorproativo.com**